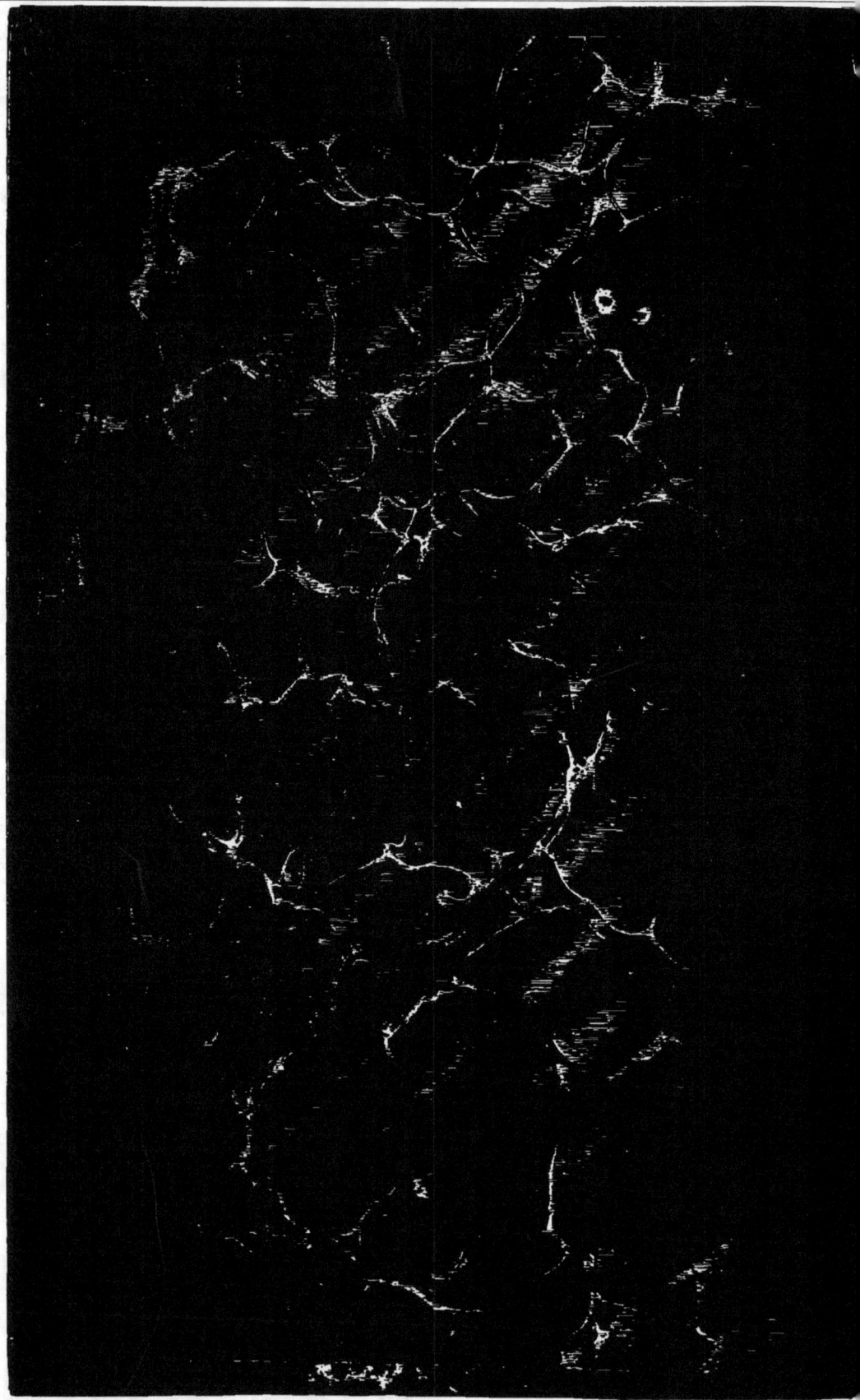

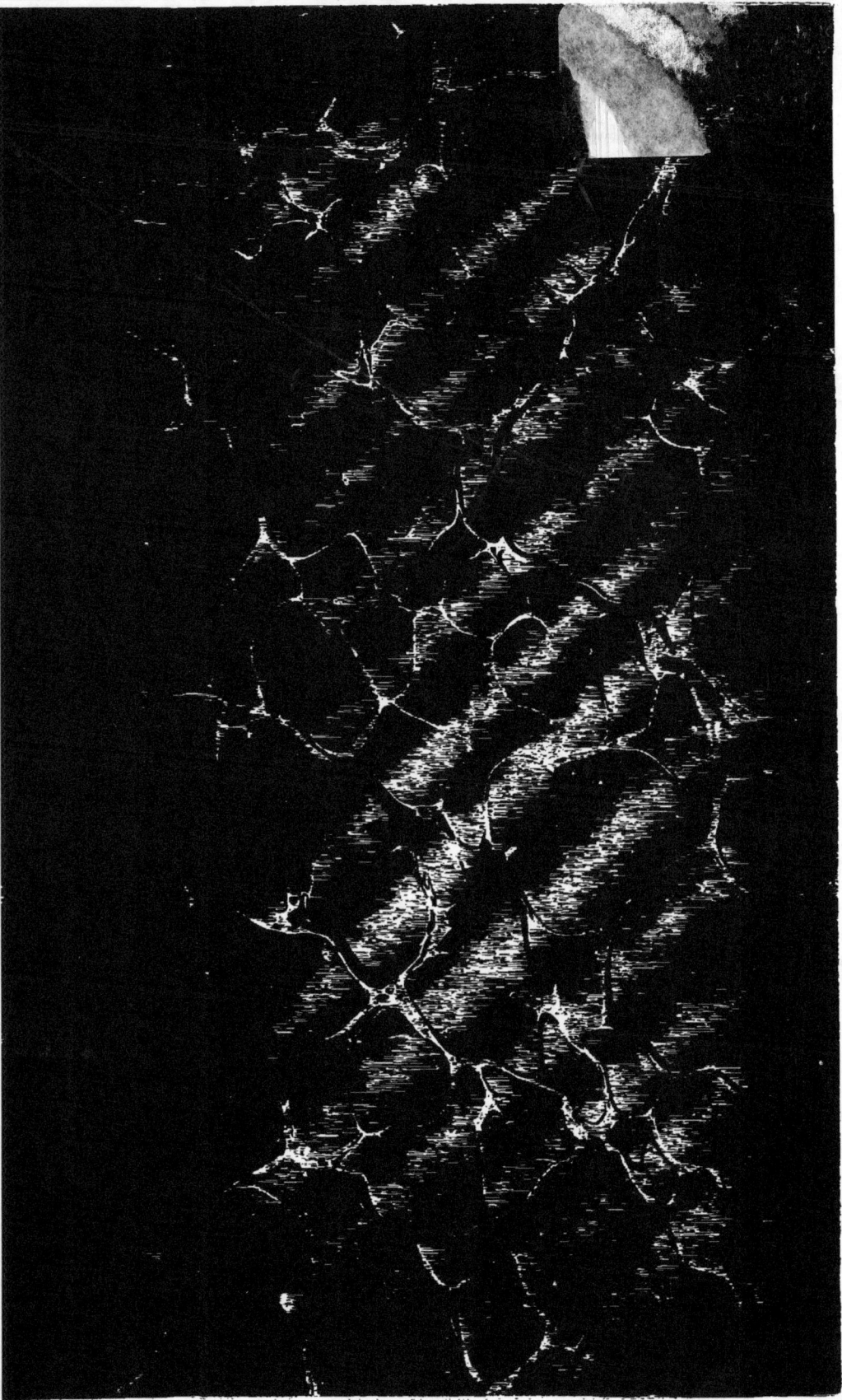

LA
Guerre

DE

1870-71 §104

LES OPÉRATIONS AUTOUR DE METZ

Du 13 au 18 Août

II
Journées des 15 et 16 Août

ATLAS

PARIS

LIBRAIRIE MILITAIRE R. CHAPELOT ET Cᵉ

IMPRIMEURS-ÉDITEURS

30, Rue et Passage Dauphine, 30

1904
Tous droits réservés.

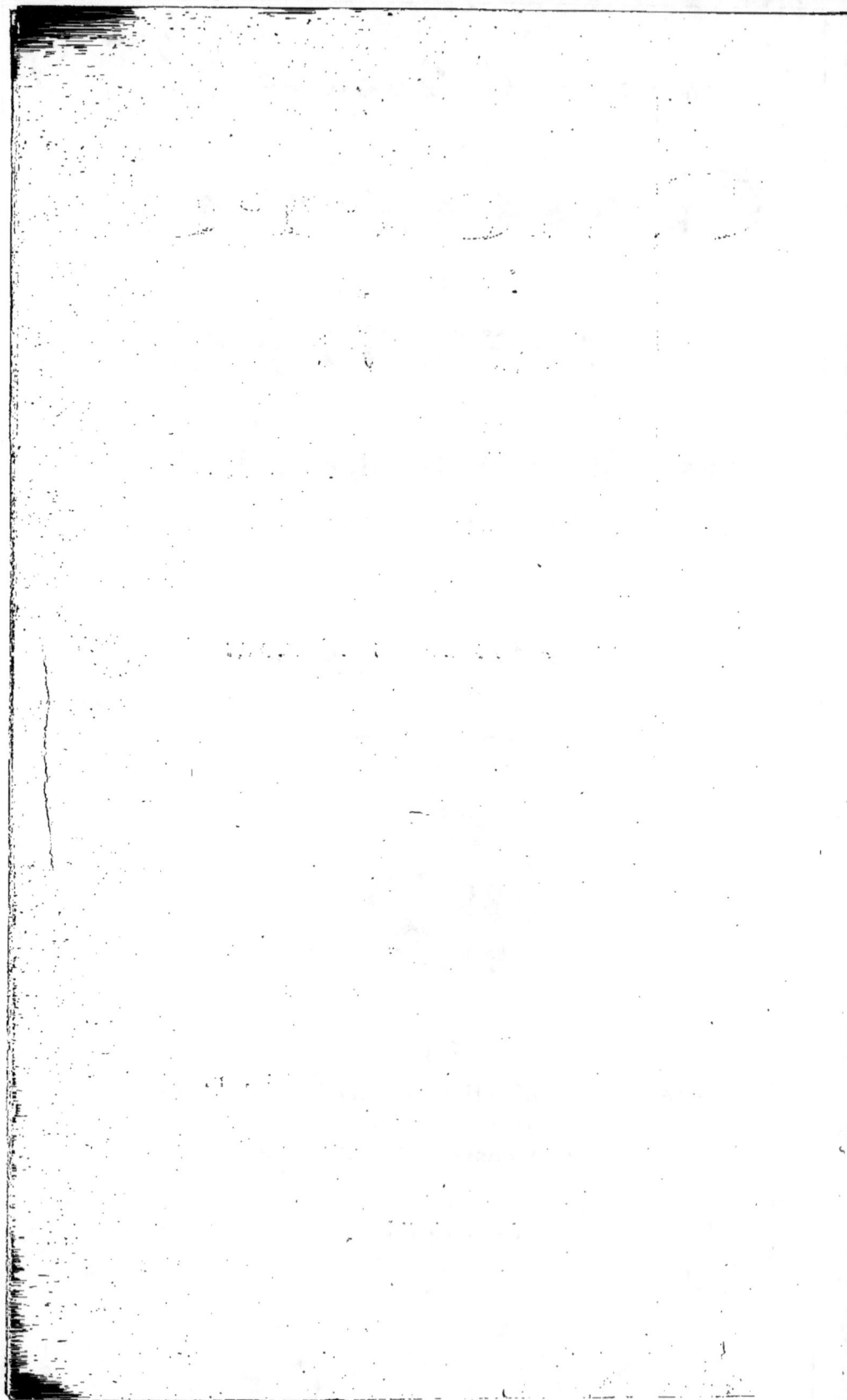

LA GUERRE DE 1870-1871

Les opérations autour de Metz

II

CARTES ET CROQUIS :

Journée du 15 août

Journée du 16 août

Bataille de Rezonville

CROQUIS DANS LE TEXTE :

ERRATA

Journée du 16 août :

Croquis n° 1. — A 1 kilomètre au S.-O. d'Amanvillers, *au lieu de :* 31 lire : 13 ;

Croquis n° 6. — A la pointe N.-O. du bois de Tronville, *au lieu de :* $\frac{1}{5}$ lire : $\frac{5}{1}$;

Croquis n° 7. — A la pointe S.-E. du bois Pierrot, *au lieu de :* $\frac{DC}{3\,DC}$ lire : 3 DC ;

A 700 mètres au S.-E. de Rezonville, *au lieu de placer* les cinq bataillon des 31° et 62° face au Sud, *les figurer* face au S.-O., entre Rezonville et la cote 308, et en arrière du chemin de Gorze.

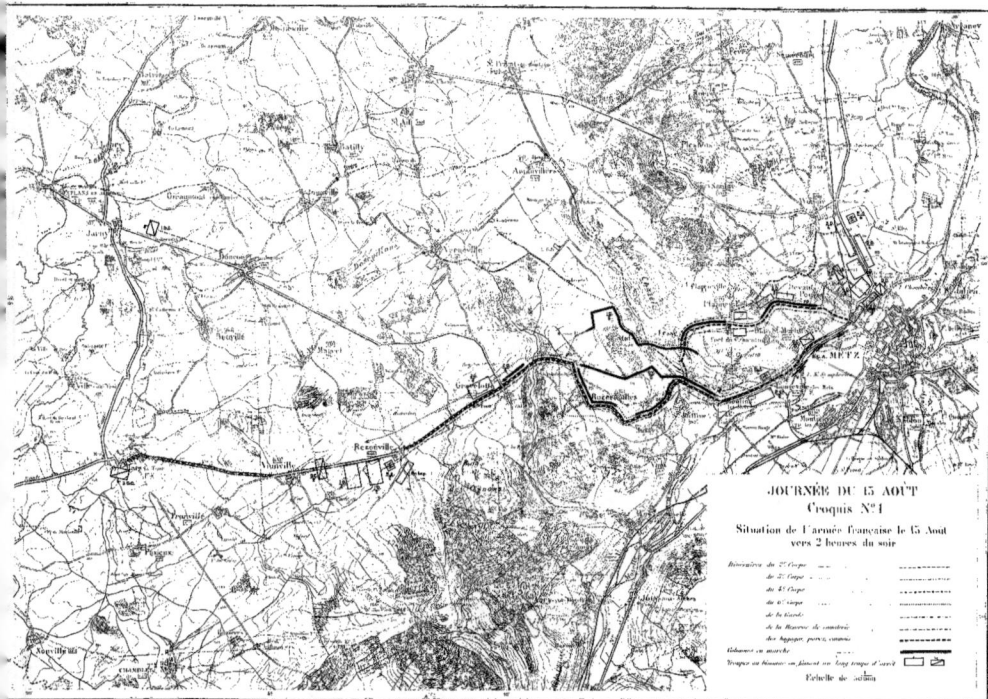

JOURNÉE DU 15 AOÛT
Croquis N°1

Situation de l'armée française le 15 Août
vers 2 heures du soir

JOURNÉE DU 15 AOÛT
Croquis N°2

Emplacements de l'Armée française
pendant la nuit du 15 au 16 Août

Echelle de 5oooo

Echelle de 2o¹ooo

2

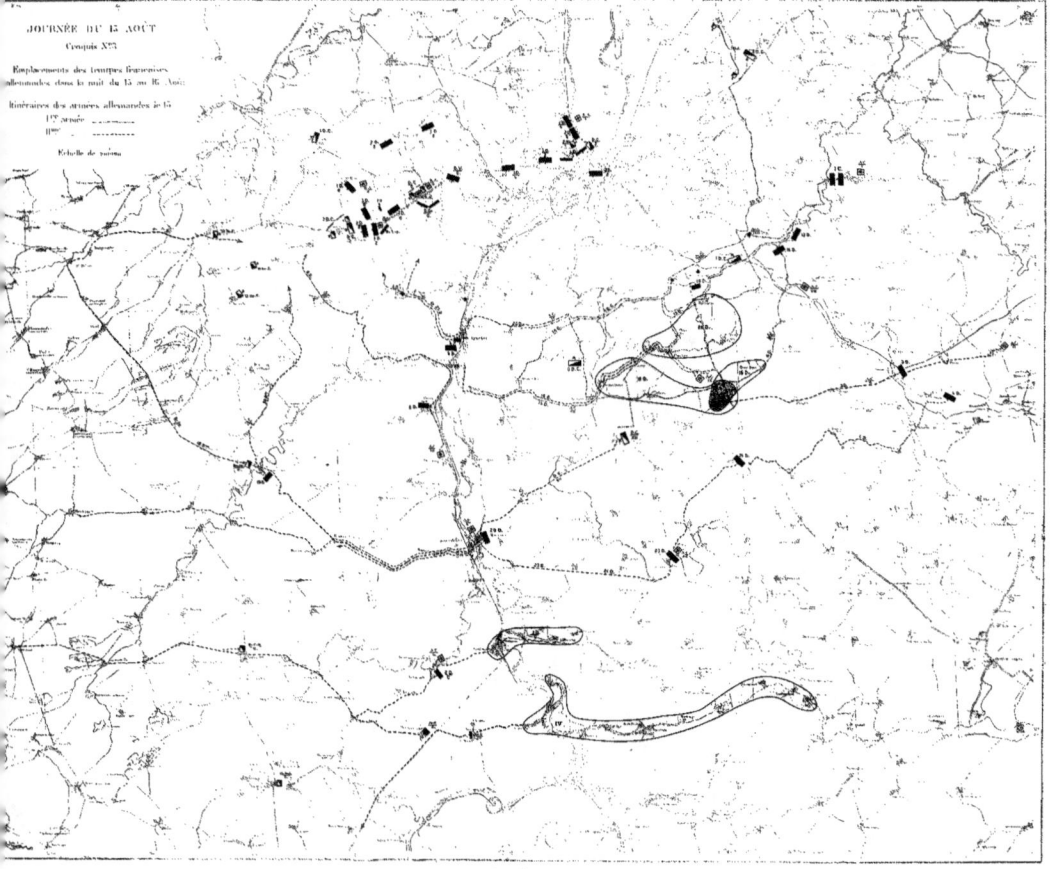

JOURNÉE DU 15 AOÛT
Croquis N° 3

Emplacements des troupes françaises
allemandes dans la nuit du 15 au 16 Août

Itinéraires des armées allemandes le 15
1re armée ....
IIme ....

Echelle de 1/400000

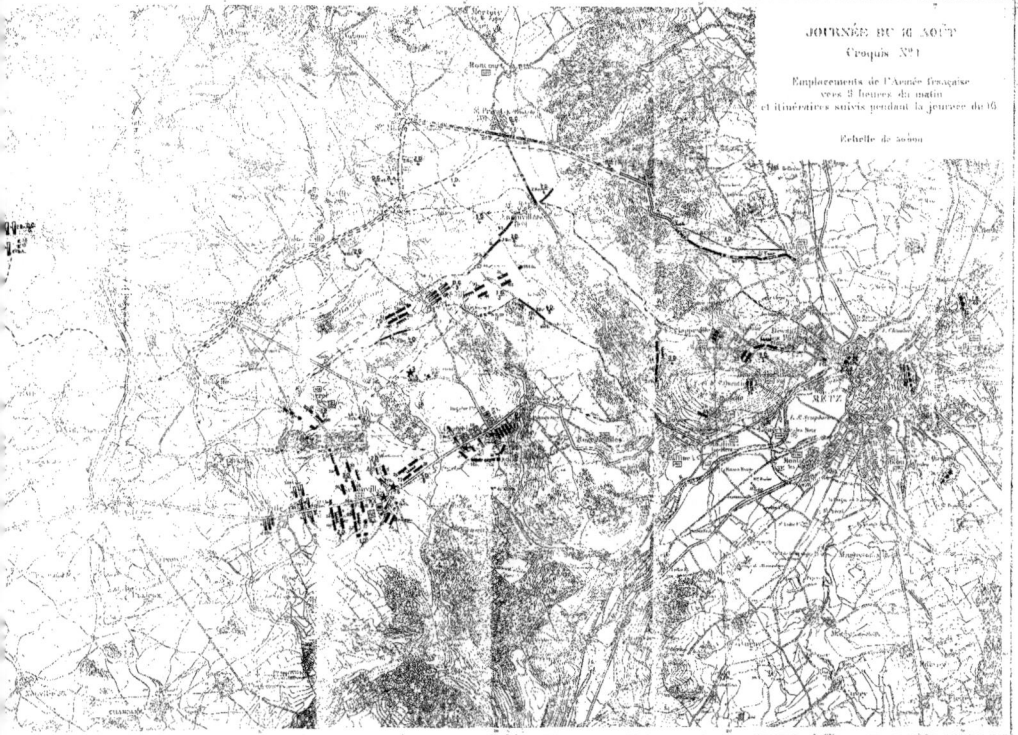

JOURNÉE DU 16 AOÛT
Croquis N° 1

Emplacements de l'Armée française
vers 9 heures du matin
et itinéraires suivis pendant la journée du 16.

Échelle de 80.000

JOURNÉE DU 16 AOÛT

BATAILLE DE REZONVILLE

Croquis Nᵒ 1 bis

Bivouacs et avants-postes de l'Armée française
dans la matinée

(Avant l'ouverture du feu)

Echelle de 20000

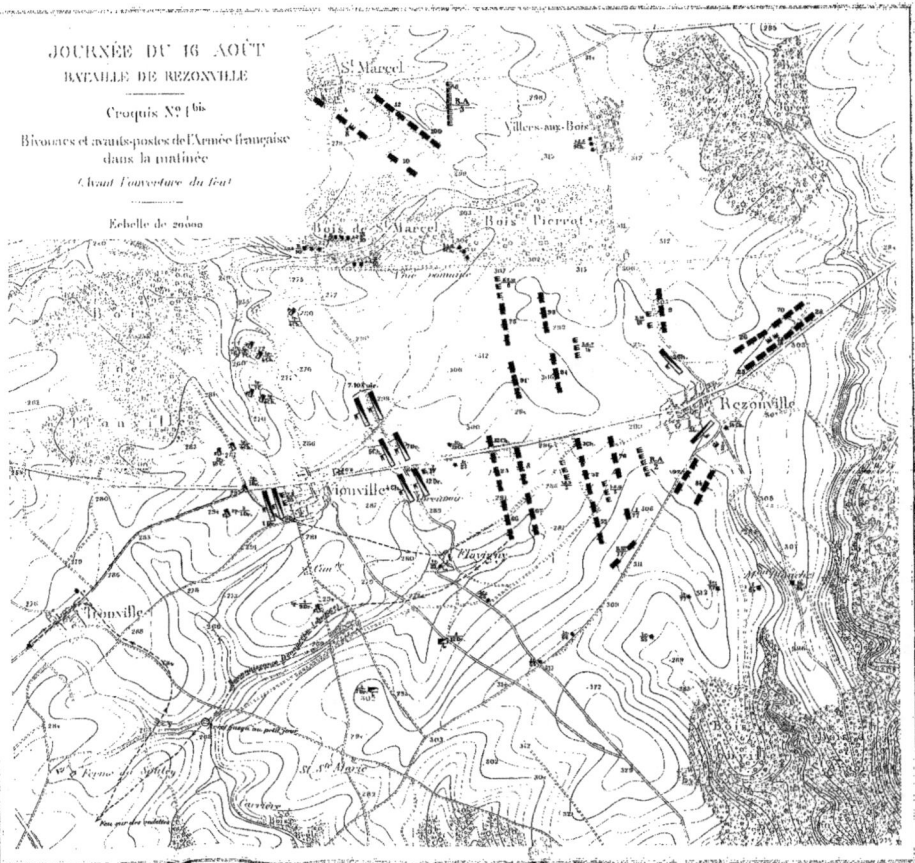

St Marcel

Villers-aux-Bois

Bois de St Marcel   Bois Pierrot

Rezonville

Vionville

Flavigny

Tronville

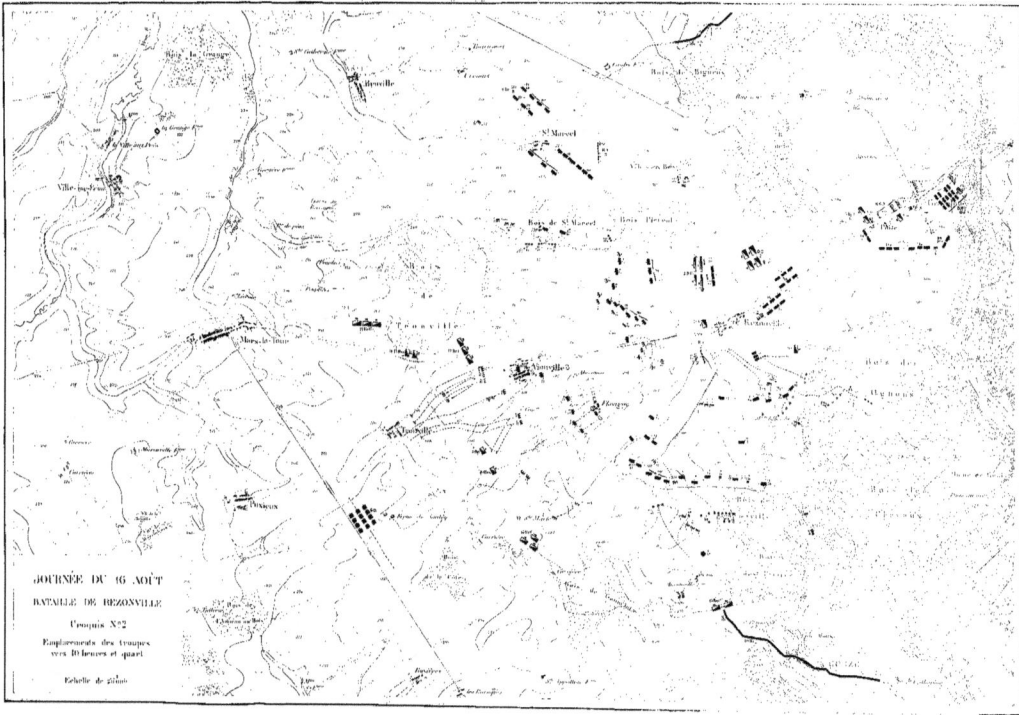

JOURNÉE DU 16 AOÛT
BATAILLE DE REZONVILLE
Croquis N°2
Emplacements des troupes
vers 10 heures et quart

Échelle de 80000

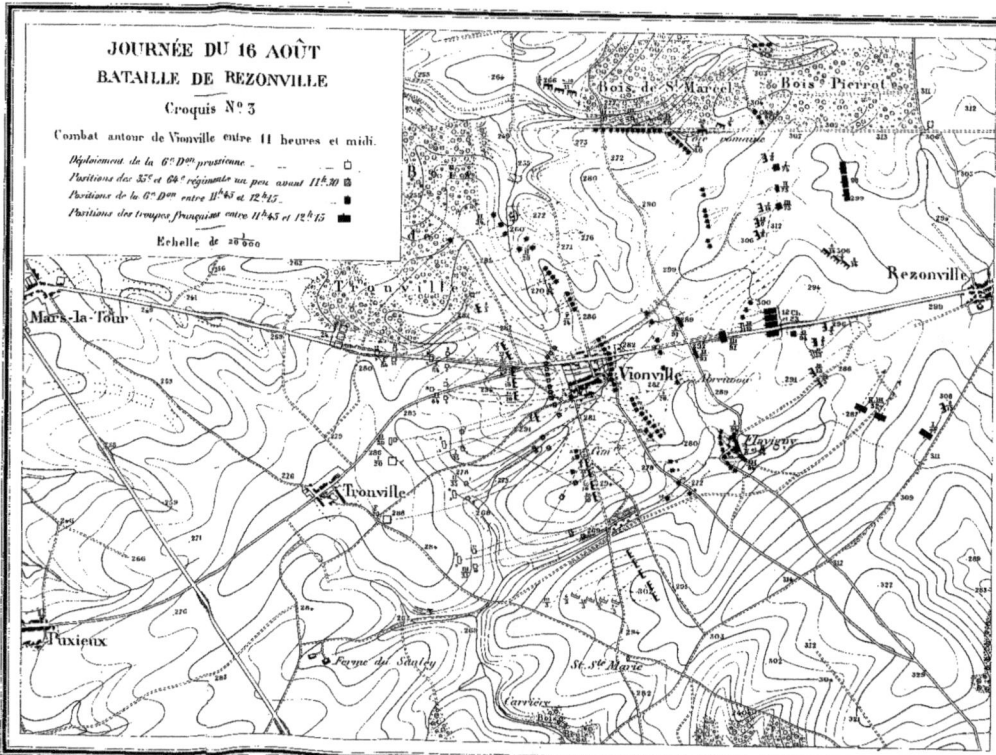

JOURNÉE DU 16 AOÛT
BATAILLE DE REZONVILLE
Croquis N° 3

Combat autour de Vionville entre 11 heures et midi.

Déploiement de la 6e Dion prussienne — □

Positions des 35e et 64e régiments un peu avant 11h 30

Positions de la 6e Dion entre 11h 45 et 12h 15

Positions des troupes françaises entre 11h 45 et 12h 15 ▪

Echelle de $\frac{1}{25\,000}$

Dessiné et héliogravé par le Service Géographique de l'Armée

L'équidistance des courbes est de 5 mètres

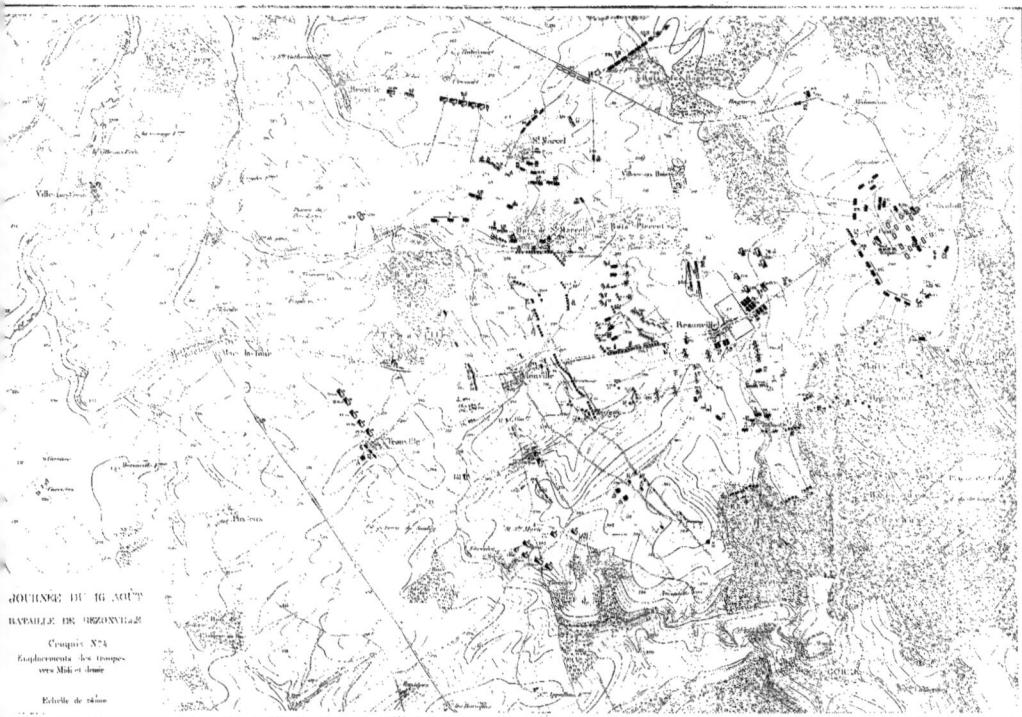

JOURNÉE DU 16 AOÛT
BATAILLE DE REZONVILLE
Croquis N°4
Emplacements des troupes
vers Midi et demie

Échelle de 1/80 000

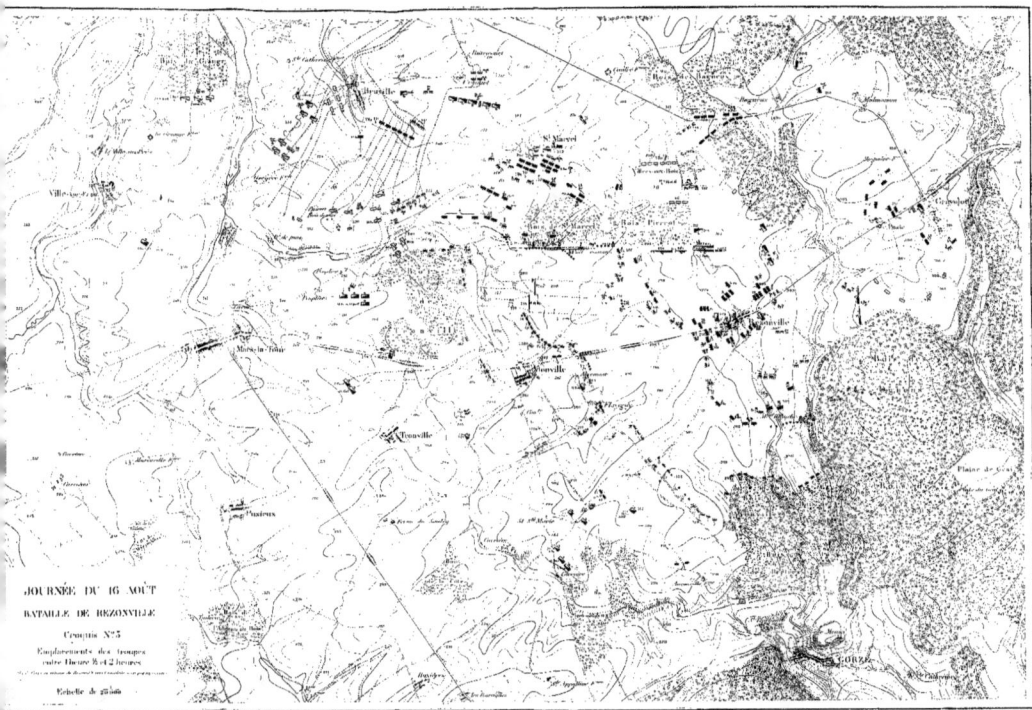

JOURNÉE DU 16 AOUT
BATAILLE DE REZONVILLE
Croquis N°5
Emplacements des troupes
entre 1 heure & 2 heures

Échelle de

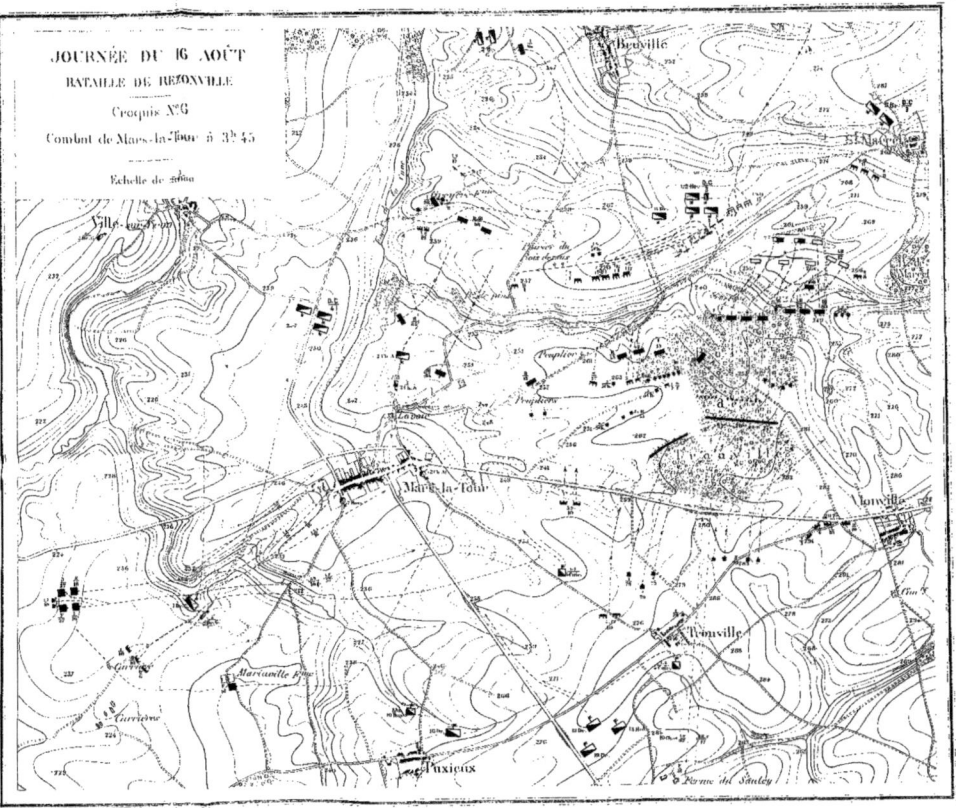

JOURNÉE DU 16 AOÛT
BATAILLE DE REZONVILLE

Croquis N°6
Combat de Mars-la-Tour à 3ʰ45

Échelle de

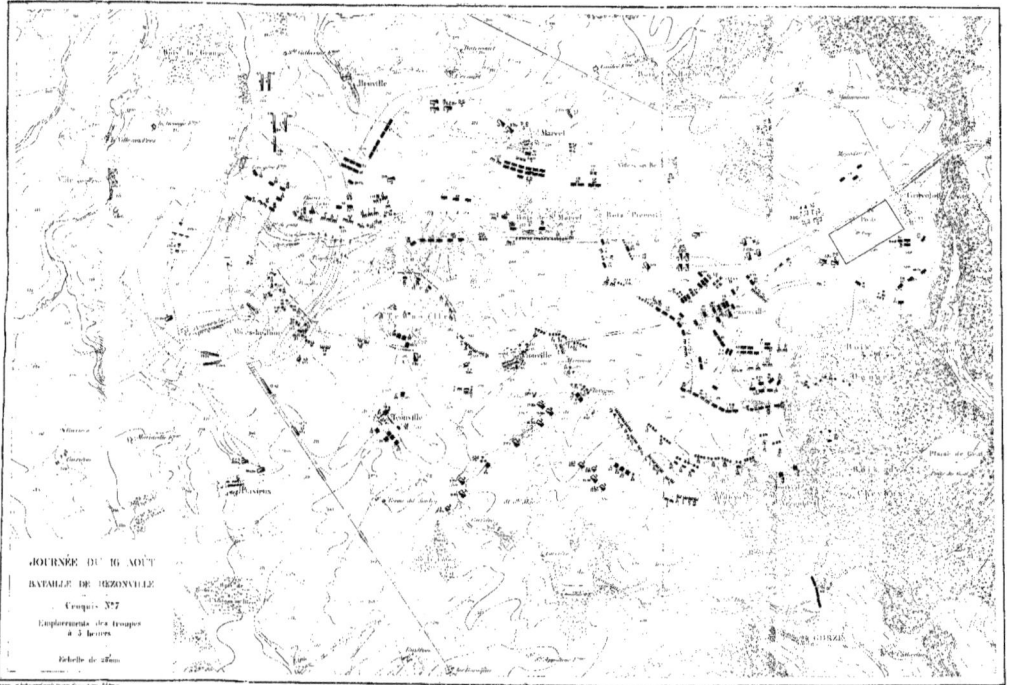

JOURNÉE DU 16 AOUT
BATAILLE DE REZONVILLE
Croquis N°7
Emplacements des troupes
à 3 heures

Échelle de 20000

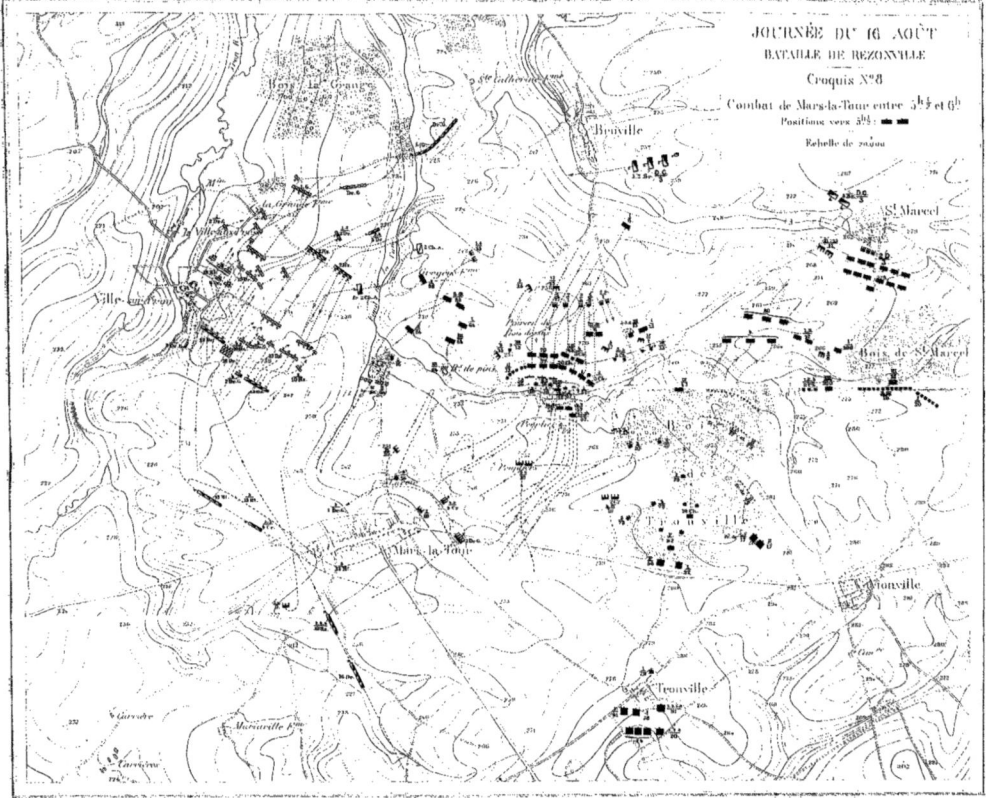

JOURNÉE DU 16 AOÛT
BATAILLE DE REZONVILLE

Croquis N°8

Combat de Mars-la-Tour entre 5ʰ½ et 6ʰ
Positions vers 5ʰ½ :

Échelle de 20400

12

LIBRAIRIE MILITAIRE R. CHAPELOT & Cᵉ
30, Rue et Passage Dauphine, à Paris.

LA

GUERRE DE 1870-1871

PREMIÈRE SÉRIE

Iᵉʳ Fascicule :	De Juillet 1866 à Juillet 1870. 1 vol. in-8.		2 fr
IIᵉ —	Journées des 28 et 29 Juillet.	—	2 fr. 50
IIIᵉ —	Journées des 30 et 31 Juillet.	—	3 fr.
IVᵉ —	Journées des 1ᵉʳ et 2 Août. .	—	3 fr. 50
Vᵉ —	Journées des 3 et 4 Août. . .	—	5 fr.
VIᵉ —	Journée du 5 Août.	—	2 fr. 50
VIIᵉ —	Bataille de Frœschwiller . .	—	6 fr.
VIIIᵉ —	Bataille de Forbach.	—	6 fr.
IXᵉ —	La retraite sur Metz et sur Châlons. . . . . 2 vol. in-8.		8 fr.

DEUXIÈME SÉRIE

Les batailles autour de Metz

Iᵉʳ Fascicule :	Journées des 13 et 14 Août, Bataille de Borny. . . . . . . 2 vol. in-8.	10 fr.

CAMPAGNE DE L'ARMÉE DU NORD

Iᵉʳ Fascicule.	Villers-Bretonneux. 1 vol. in-8 . . .		5 fr.
IIᵉ —	Pont-Noyelles.	—	. . . 6 fr.
IIIᵉ —	Bapaume.	—	. . . 4 fr. 50
IVᵉ —	Saint-Quentin.	—	(Sous presse.)

Paris. — Imprimerie R. Chapelot et Cᵉ, rue Christine, 2.

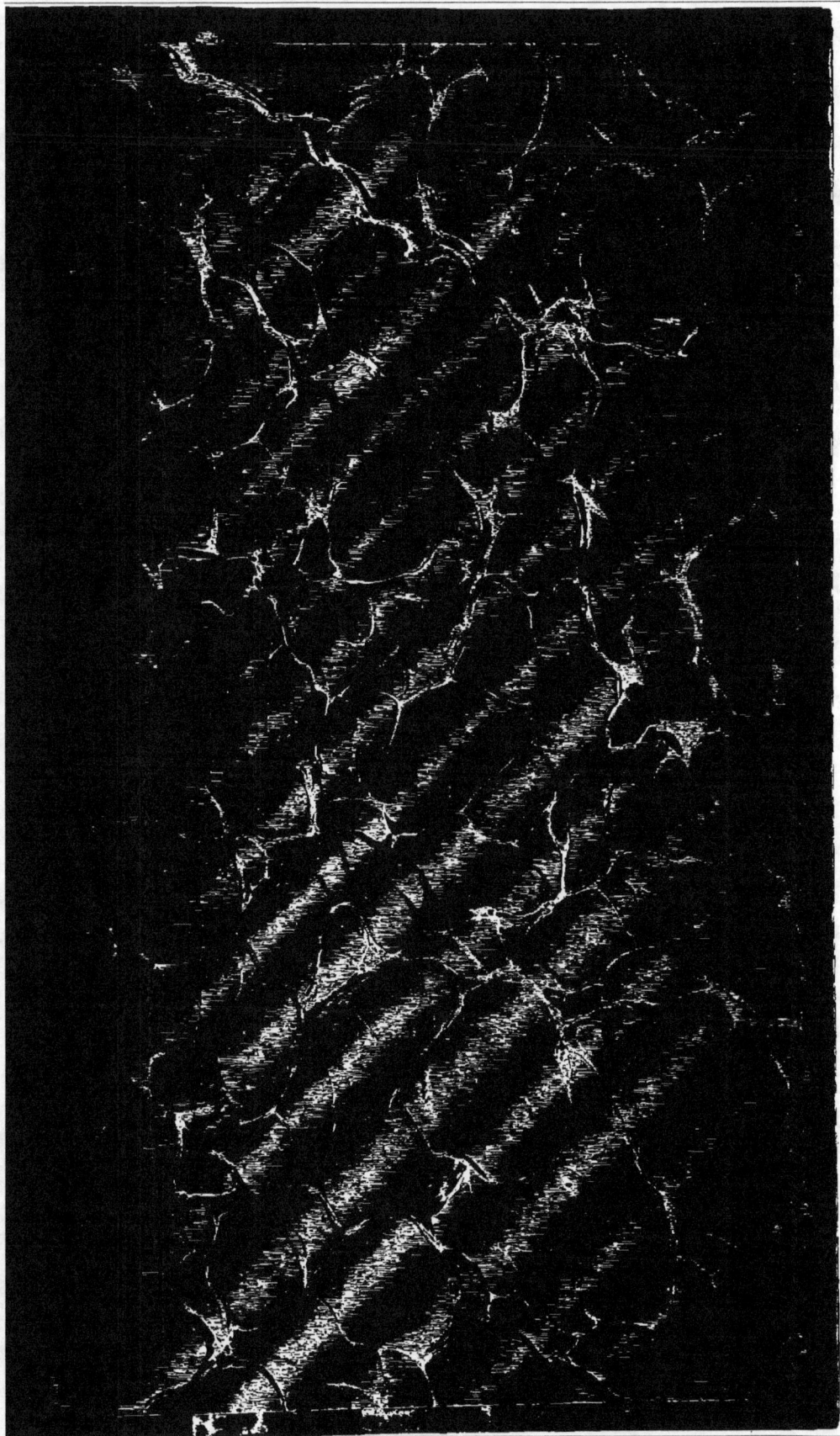